VISUAL TRACKING PRACTICE

**Exercises for improving cognitive skills:
reading, paying attention and remembering**

Visual
Treasure Chest

**Visual tracking is the ability of the human eye to focus on
an object and to follow its movement.
Practising the skill of fast, accurate and smooth tracking can
improve cognitive skills of reading, paying attention
and remembering.**

This book is a valuable aid for teachers, therapists, tutors, parents
and students.

It helps preschool children to improve perception, attention to detail
and focus time required for future successful reading and writing.

It is suitable for school age students who have problems with
reading, focusing, perceiving and remembering patterns, skipping
letters and numbers and letters reversals, particularly for schoolers
with dyslexia.

It can be used by individuals of any age who aim at improving
processing, focusing, scanning and perceiving skills.

How to use this book?

1. Choose an exercise:

- exercises 1-16: pictures, level easy and medium

- exercises 17-36: numbers and letters, level medium and hard

- bonus exercises 37-44: sequences, level extra hard

2. Look at the symbol given.

3. Begin with the field marked START HERE.

4. Try to follow the symbol with your eyes. You can also use your finger or a pencil.

5. You can move in four directions: → ← ↓ ↑

6. You can measure your time, write it down in the progress chart and keep track of your results.

LEVEL EASY

Follow the symbol:

START
HERE

LEVEL MEDIUM

Follow the symbol:

START HERE

LEVEL EASY

Follow the symbol:

START HERE

LEVEL MEDIUM

Follow the symbol:

START
HERE

5

Follow the symbol:

START HERE

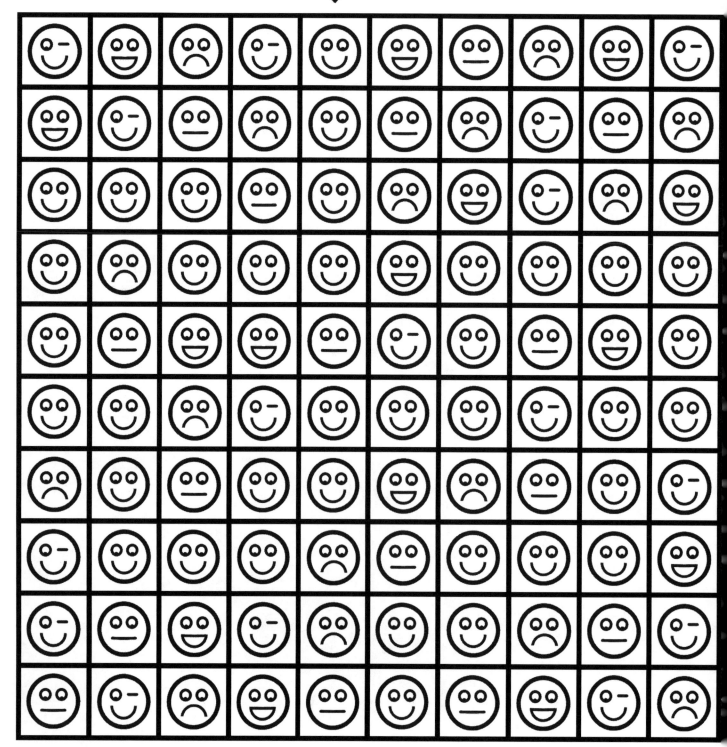

LEVEL EASY

Follow the symbol:

START
HERE

LEVEL MEDIUM

Follow the symbol:

Follow the symbol:

START HERE

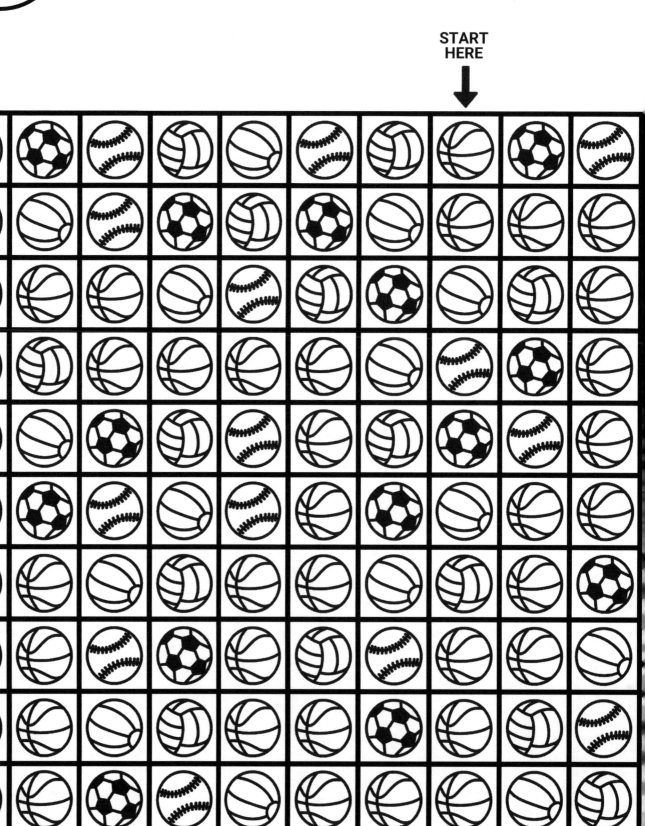

Follow the symbol:

START
HERE

LEVEL EASY

Follow the symbol:

START HERE

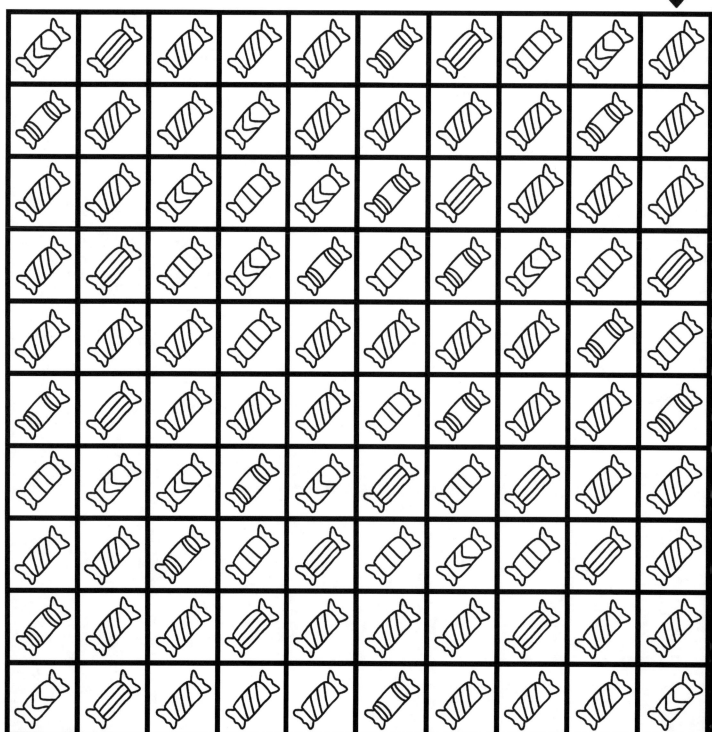

LEVEL MEDIUM

Follow the symbol:

START
HERE

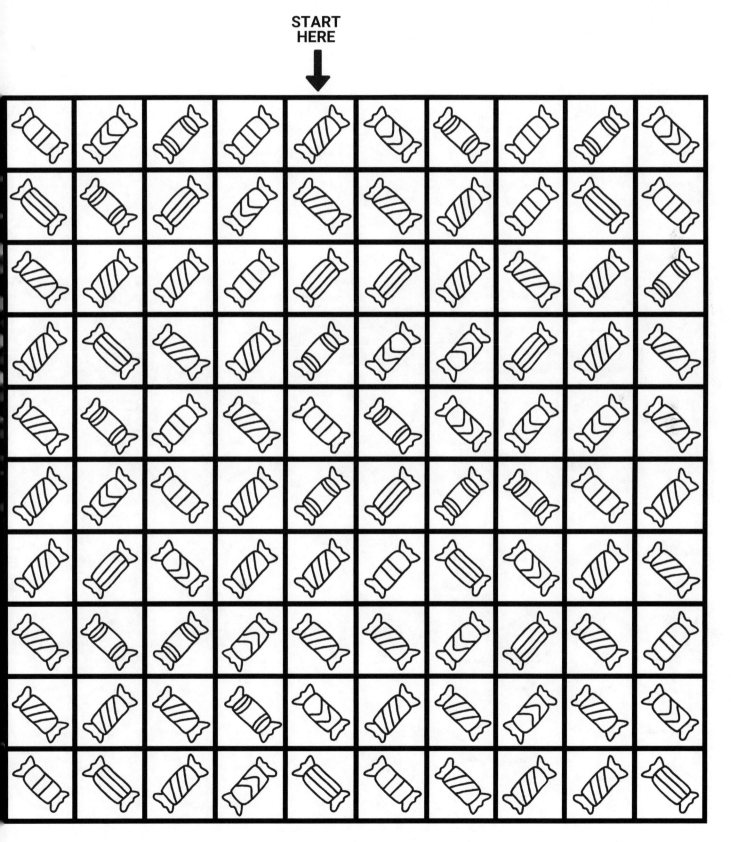

LEVEL EASY

Follow the symbol:

START HERE

LEVEL MEDIUM

Follow the symbol: ♡

14

START HERE

LEVEL EASY

Follow the symbol:

START
HERE

Follow the symbol:

START
HERE

LEVEL MEDIUM

Follow the number: 7

START
HERE
↓

5	4	1	2	7	4	7	7	7	5
2	4	5	1	7	7	7	2	7	4
1	5	2	4	1	2	5	4	7	1
7	7	7	2	5	4	1	5	7	2
7	5	7	1	2	5	7	7	7	4
7	4	7	7	4	7	7	2	4	1
7	1	5	7	7	7	5	4	2	5
7	7	2	1	4	1	4	1	7	7
2	7	1	5	2	7	7	7	7	2
4	7	7	7	7	7	1	4	5	1

Follow the number: 7

START
HERE

7	1	4	2	1	5	7	2	4	1
7	5	7	7	7	4	5	1	4	5
7	4	7	2	7	7	4	7	7	7
7	7	7	5	2	7	1	7	5	7
2	5	1	4	1	7	7	7	4	7
4	1	2	1	2	4	5	1	2	7
7	7	7	7	5	2	1	7	7	7
7	4	5	7	4	5	4	7	5	4
7	1	4	7	7	1	7	7	1	2
7	5	2	4	7	7	7	4	1	2

Follow the number: 6

START HERE
↓

3	5	0	6	8	6	6	6	3	8
8	8	3	6	6	6	8	6	6	5
0	5	3	5	0	3	5	3	6	0
3	8	6	6	6	0	0	6	6	8
0	6	6	0	6	6	8	6	5	3
6	6	5	3	5	6	6	6	3	8
6	8	0	8	3	5	3	5	8	0
6	6	5	0	5	0	3	6	6	6
5	6	6	6	8	6	6	6	5	6
8	3	0	6	6	6	8	0	3	6

Follow the number: 6

20

START
HERE
↓

3	5	8	0	3	6	5	0	3	5
0	3	5	8	6	9	8	5	0	3
8	5	9	9	9	0	8	9	6	9
9	6	9	5	0	5	3	6	0	9
9	8	0	3	8	9	9	9	5	6
6	9	9	5	6	6	0	3	8	9
3	5	6	9	9	8	0	5	6	9
0	8	0	3	8	3	8	9	6	8
9	9	5	6	9	9	3	6	3	0
3	6	6	9	5	9	9	9	0	5

21 Follow the letter: **J**

START
HERE
↓

I	T	L	T	J	I	U	I	L	J
U	T	I	U	J	J	J	U	T	J
J	J	J	L	U	L	J	L	J	J
J	T	J	J	T	J	J	U	J	I
J	U	L	J	J	J	T	I	J	J
J	T	L	U	I	U	L	T	L	J
J	J	J	T	U	L	I	L	J	J
I	U	J	J	L	I	T	U	J	T
T	L	I	J	J	J	I	J	J	I
U	I	L	T	U	J	J	J	U	T

LEVEL HARD

Follow the letter: J

START HERE
↓

LEVEL MEDIUM

Follow the letter: D

START
HERE
↓

C	D	P	O	D	D	D	C	O	Q
Q	D	D	D	D	B	D	D	D	P
G	P	G	Q	G	O	C	G	D	O
O	D	D	D	C	P	B	Q	D	D
P	D	B	D	D	Q	G	C	G	D
D	D	Q	O	D	C	Q	P	D	D
C	B	Q	D	D	O	B	D	D	B
O	G	P	D	C	G	D	D	B	C
B	C	O	D	Q	P	D	Q	O	G
P	Q	G	D	D	D	D	D	B	P	B

Follow the letter: D

START
HERE

Q	G	B	D	P	C	G	G	O	B
P	D	D	D	G	B	C	D	D	D
D	D	G	O	O	P	C	D	O	D
D	O	C	P	C	O	G	D	B	D
D	D	D	B	B	O	C	D	O	D
B	P	D	O	G	D	D	D	P	D
C	D	D	B	P	D	O	B	G	D
O	D	G	O	D	D	P	C	D	D
O	D	Q	P	D	C	O	P	D	O
C	D	D	D	D	P	B	G	D	O

Follow the letter: V

START
HERE
↓

M	W	N	Y	V	M	U	W	Y	N
V	V	V	U	V	N	W	U	Y	W
V	Y	V	V	V	W	M	N	W	U
V	U	W	M	Y	U	M	V	V	V
V	V	N	U	W	N	U	V	M	V
Y	V	V	M	N	W	W	V	Y	V
M	N	V	W	U	N	V	U	M	V
V	V	V	Y	W	V	V	Y	N	V
V	M	U	M	V	V	Y	W	V	V
V	V	V	V	V	V	Y	M	N	V	U

Follow the letter: V

START
HERE

Follow the letter: K

START
HERE
↓

Y	A	R	H	K	A	E	R	E	V
V	H	Y	R	K	K	K	H	Y	A
K	K	K	V	E	Y	K	K	K	H
K	V	K	A	H	V	R	E	K	K
K	R	K	K	R	E	Y	V	R	K
K	E	H	K	A	K	K	K	H	K
K	K	A	K	K	K	V	K	K	K
R	K	E	A	V	R	H	A	V	E
H	K	K	K	E	K	K	K	R	V
A	V	Y	K	K	K	Y	K	H	A

Follow the letter: K

START
HERE

29

Follow the letter: **a**

START
HERE

o	a	u	o	e	c	u	e	o	u
e	a	a	a	u	e	c	a	a	a
c	e	c	a	a	o	a	a	u	a
u	o	e	o	a	a	a	e	c	a
a	a	a	u	e	c	u	o	a	a
a	u	a	a	c	o	u	e	a	o
a	c	e	a	a	o	c	c	a	a
a	a	o	e	a	a	e	o	e	a
o	a	c	u	o	a	c	a	a	a
u	a	e	c	u	a	a	a	u	o

Follow the letter: a

START
HERE

31

Follow the letter: g

START
HERE
↓

p	g	q	h	y	p	p	g	g	g
y	g	g	q	h	g	g	g	q	g
h	p	g	g	g	g	y	p	h	g
q	h	q	y	h	q	p	y	g	g
g	g	p	h	p	y	h	q	g	q
h	g	y	q	y	q	y	g	g	p
p	g	g	y	p	h	g	g	q	y
q	y	g	h	q	q	g	p	y	p
h	q	g	g	y	g	g	h	q	y
p	q	p	g	g	g	y	p	h	h

LEVEL HARD

Follow the letter: g

START
HERE

Follow the letter: j

START HERE
↓

l	t	i	j	l	t	f	i	t	l
j	j	j	j	f	i	i	l	f	f
j	t	l	i	t	l	f	t	j	i
j	j	f	l	j	j	j	i	l	t
f	j	j	t	j	t	j	j	i	f
i	l	j	j	j	i	t	j	j	j
t	i	l	f	l	f	i	f	l	j
j	j	j	i	t	j	j	j	t	j
l	f	j	t	j	j	f	j	j	j
i	t	j	j	j	i	l	i	f	l

Follow the letter: j

34

START
HERE

LEVEL MEDIUM

Follow the letter: n

START HERE

m	n	w	v	h	m	h	w	m	v
v	n	n	n	w	m	n	n	n	n
w	h	h	n	m	n	n	w	v	n
m	w	n	n	w	n	v	h	n	n
v	v	n	w	v	n	n	m	n	m
n	n	m	h	h	v	n	w	n	w
n	w	v	m	v	n	n	m	n	n
n	n	n	n	m	n	w	v	h	n
v	h	m	n	n	n	h	m	n	n
h	w	v	m	h	w	w	h	n	v

LEVEL HARD

Follow the letter: n

START
HERE
↓

37

Follow the sequence:

START
HERE

Follow the sequence:

START HERE

Follow the sequence: 1 2 3 4 5

START HERE
↓

4	2	3	1	1	5	1	2	1	2
2	1	5	2	3	4	3	3	4	3
3	5	1	4	5	2	5	2	5	1
1	4	3	2	4	3	4	3	4	2
2	3	1	3	1	5	2	1	4	3
4	5	4	3	5	2	5	1	5	2
5	1	2	2	1	4	2	2	4	3
3	2	5	4	5	1	4	3	5	5
4	2	3	1	4	4	5	2	3	1
5	1	4	2	3	2	1	3	4	2

BONUS EXERCISE

Follow the sequence: 1 2 3 4 5

START
HERE
↓

1	5	4	2	5	4	2	3	4	5
2	3	5	4	3	5	1	5	1	3
2	4	1	5	2	4	1	4	2	1
4	5	1	3	3	3	2	1	5	3
3	4	2	1	1	5	2	1	4	3
1	2	3	4	2	4	1	3	5	2
2	5	2	5	3	5	4	2	5	1
1	3	2	1	4	5	2	3	4	1
2	4	4	5	2	5	1	5	2	2
5	5	1	2	3	4	3	4	5	3

41

Follow the sequence: the alphabet

START
HERE

A	B	C	E	L	Z	E	R	M	Y
B	O	D	P	H	J	X	H	A	H
B	C	E	F	I	J	K	X	K	Q
D	M	T	G	H	S	L	O	N	E
S	H	C	H	R	C	M	W	T	G
I	X	B	D	A	O	N	H	F	Y
L	E	U	G	D	P	P	E	I	L
R	F	B	J	R	Q	D	Y	Z	J
Y	K	O	C	S	C	I	X	K	C
G	N	Z	L	T	U	V	W	M	A

BONUS EXERCISE

Follow the sequence: the alphabet

42

START HERE ↓

P	L	Y	A	V	O	N	S	I	H
K	J	R	B	C	D	X	P	W	R
F	W	Q	S	T	E	F	G	C	V
G	N	R	M	K	B	V	H	E	M
U	T	Y	M	L	K	J	I	F	I
J	D	C	N	L	W	Y	U	L	Q
X	I	G	O	P	Q	G	T	X	Y
S	F	P	D	Z	R	O	J	W	Z
B	K	Z	H	X	S	T	U	V	H
I	O	E	V	M	G	E	D	C	A

43

Follow the sequence: the alphabet

START
HERE
↓

n	g	a	b	d	p	r	n	j	o
d	c	b	a	j	o	i	h	q	e
e	h	k	u	q	s	w	c	l	v
f	g	r	k	l	m	e	x	d	t
f	h	i	j	m	z	g	f	z	s
h	o	r	n	n	c	r	s	a	h
i	y	m	d	o	p	q	b	i	j
l	a	v	u	t	s	r	x	k	p
k	e	f	v	c	z	u	g	c	l
b	p	q	w	x	y	r	t	w	m

Follow the sequence: the alphabet

START
HERE
↓

c	g	k	!	b	a	b	e	f	m
a	x	m	p	n	l	c	d	e	f
r	f	e	t	y	s	w	d	r	g
l	f	v	c	o	n	x	c	i	h
p	s	a	x	u	m	l	k	j	o
t	h	j	d	o	g	v	z	k	t
o	b	r	b	t	y	h	m	w	a
p	w	z	r	s	i	e	x	s	c
i	s	c	h	t	u	g	y	z	j
m	e	k	x	v	v	w	x	p	f

PROGRESS CHART

Ex.	Name	Date	Time

Ex.	Name	Date	Time

PROGRESS CHART

Ex.	Name	Date	Time

Ex.	Name	Date	Time

PROGRESS CHART

Ex.	Name	Date	Time

Ex.	Name	Date	Time

PROGRESS CHART

Ex.	Name	Date	Time

Ex.	Name	Date	Time

THANK YOU
FOR BUYING THIS PRODUCT.

CHECK OUR OFFER ON
AMAZON.COM

Visual
Treasure Chest

Made in United States
Troutdale, OR
10/27/2023

14067109R00031